AF258814

VÉRITÉS ÉLECTORALES

LE

BON SENS CAMPAGNARD

PAR

G. DESCOTTES

PARIS

DEGORCE-CADOT, LIBRAIRE-ÉDITEUR,

37, RUE SERPENTE.

—

1869

ÉLECTIONS DE 1869

LE
BON SENS CAMPAGNARD

LES CANDIDATS OFFICIELS.

PIERRE, *fort ménager.* — BENOÎT, *idem.*

Pendant la pluie.

BENOÎT. — Hé! Pierre, entrez donc. Il n'y a rien à faire aux champs par cette pluie-là.

PIERRE. — J'étais parti pour donner un tour de houe à mes pommes de terre. Il faut y renoncer pour aujourd'hui.

— Asseyez-vous, goûtez de mon tabac, et parlons des affaires du jour. Femme, va nous tirer un verre de bière.

— Vous êtes bien honnête! Pour les nouvelles je ne suis pas fort : je ne voisine jamais.

— Vous a-t-on parlé des élections? C'est pour dimanche en huit, vous savez?

— Hier, aux champs, Monsieur Lucien m'en

a parlé. Il s'est arrêté plus d'une demi-heure avec moi. M'en a-t-il dit! M'en a-t-il dit!

— C'est un gaillard qui en sait long, qui lit les papiers, et qui est chaud en politique. Voyons ce qu'il vous a dit.

— Je ne me souviendrai jamais de tout. D'ailleurs, est-ce que je peux tourner ça comme lui?

— Allez toujours! nous ne sommes pas des avocats, nous.

— D'abord, après m'avoir dit que trois candidats se présentent chez nous, il s'y prit adroitement pour savoir auquel des trois je donnerai ma voix.

— Que lui avez-vous répondu?

— Pas grand'chose. Nous autres, paysans, lui ai-je dit, nous ne savons rien; on ne nous renseigne sur rien; nous allons comme on nous pousse.

— Quelle mine a-t-il faite?

— Il a fait un petit mouvement d'épaules en me disant crûment : voilà bien des machines!

— C'est crû, mais c'est ça tout de même! Après?

— M. Lucien m'a demandé si j'avais quelque peu l'idée d'un gouvernement.

— Ha! voyons?

— Pour ça, fis-je, depuis qu'on est sur la terre on en a vu plus d'un : Charles X, Louis-Philippe, la République, et celui que nous avons.

— Nous ne sommes pas fort sur l'article mon pauvre Pierre. M. Lucien a dû rire?

— Pas du tout. « Pierre, me dit-il, savez-vous pourquoi tout cela tombe? »

— Et qu'avez-vous répondu?

— Pardine! ce n'était pas difficile.—Tout ça tombe parce que ça ne convient pas au pays.

— C'est probable.

— Puis M. Lucien me demanda si je savais lire et écrire. — Un peu! que je lui dis. Je sais signer mon nom à l'occasion, et chaque dimanche je lis dans mon vieux livre de messe, qui est tout en latin.

— Et M. Lucien?

— Les affaires du pays ne s'apprennent pas là-dedans, me dit-il.

— Il faut en convenir.

— Dans une dizaine de jours, continua-t-il, nous allons nommer un représentant, c'est-à-dire un défenseur de nos intérêts : Contre qui? contre quoi? Le savez-vous, Pierre?

Benoît. — Pas difficile de répondre : — Contre le gouvernement, sans aucun doute.

Pierre. — Justement ce que j'ai répondu. Alors il me dit : que vous fait le gouvernement pour que vous ayez des intérêts à défendre contre lui?—Vous le savez bien! lui ai-je répliqué. Il me demande de l'argent, il me prend mes garçons pour en faire des soldats.

Benoît. — Pas mal! pas mal!

— Vous avez donc à craindre, continua

M. Lucien, que le gouvernement ne ménage
pas assez votre argent, et qu'il ne vous prenne
deux garçons lorsqu'un seul devrait lui suffire ?

— Diable ! ça devient épineux !

— Non pas. Alors je lui fais mon histoire.
Je lui explique comme quoi chaque année mon
bordereau porte plus que l'année précédente ;
comme quoi je n'en finis pas de payer mes im-
positions ; comme quoi, ayant quatre garçons,
mon aîné vient de rentrer avec son congé et va
se marier sans m'avoir jamais rapporté un sou,
au contraire ; comme quoi mon dernier, ayant
pris un mauvais numéro, va partir à son tour ;
comme quoi tous ces accrocs dérangent tout à
fait mes petites affaires.

— C'est bien fait pour ça ! Il en faut le double à présent de soldats : pour l'armée active,
pour la réserve, pour la mobile. Que diable
veulent-ils faire de tant de monde ? Quel tour-
ment pour les pauvres familles !

— Vous l'avez dit, Benoît !

— Et M. Lucien ?

— Pierre, me dit-il, vous sentez le besoin
d'avoir auprès du gouvernement un représentant, un avocat qui plaide vos intérêts. Ce défenseur doit connaître ce qui vous convient et
aussi ce qui vous blesse ; vous lui donnez pouvoir d'accorder ou de refuser, après discussion,
après mûr et consciencieux examen, l'argent et
le nombre de soldats que le gouvernement demande à vous, à moi, à tout le pays.

Benoît. — C'est bien cela.

Pierre.—Ce n'est pas tout.— Pierre, ajouta-t-il, je vous suppose en affaires avec un Jean Finot, le premier venu. Il vous présente un mémoire d'apothicaire, selon vous, et vous réclame six cents francs. De votre côté, vous jurez ne pas lui devoir la moitié de cette somme.

— Où veut-il en venir avec cette histoire?

— Elle n'est pas finie, écoutez: « Les affaires remontent à deux ou trois ans, les comptes sont fort embrouillés : impossible de s'entendre. On se met en procès ; de part et d'autre on cherche des avocats.

« Jean Finot est bien apparenté : Un sien cousin, qui doit hériter de lui, est un avocat de renom dans la ville où siège le tribunal.

« En sous main, par ses obligés, par ses amis Jean Finot fait insinuer à Pierre que, seul, cet habile avocat peut lui faire gagner son procès.»

« Pierre, tout joyeux, court confier sa cause à un défenseur si bien recommandé. »

— En voilà une colle! on n'a jamais vu ça!

— Ah mais ! je me suis presque fâché. J'ai dit à M. Lucien : Est-ce que vous vous moquez de moi? Prenez-vous Pierre pour un sot?

— Comment s'est-il tiré de là?

— Vous allez voir: « Pierre, ne vous fâchez pas, me dit-il, et écoutez-moi jusqu'au bout. Depuis seize ou dix-sept ans, nous avons voté trois ou quatre fois pour élire un député, c'est-à-dire un défenseur de nos intérêts devant le gouvernement; toujours deux candidats se sont en même temps présentés à notre choix. L'un disait : *Je suis l'ami du gouvernement; mon attachement et mon dévouement à l'Empereur sont inaltérables et sans borne.* L'autre disait : *Je suis dévoué à la liberté; je veux l'instruction du peuple, l'économie dans les dépenses publiques; je répudie ces grandes armées qui arrachent aux mères tant de larmes, qui enlèvent au labour ses plus robustes bras.* Voilà, Pierre, les deux avocats qui s'offraient à votre choix. Lequel avez-vous choisi?

BENOÎT. — Mon pauvre Pierre! je vois d'ici votre embarras. Avez-vous répondu?

— J'avais le bec cloué, comme on dit; je battais la campagne; c'était ceci, c'était cela. Nous ne lisons pas les papiers, nous autres; on ne nous renseigne sur rien; nous ne voyons pas, nous ne connaissons pas le plus souvent celui qui se présente pour être notre député. Le garde-champêtre nous apporte notre carte d'électeur avec un billet de vote et nous dit : voilà le bon. Le sous-préfet, le maire et bien d'autres prêchent pour le gouvernement : on n'obtiendra rien pour la commune si l'on ne vote pas pour le candidat du gouvernement.

— Oui, oui, Pierre, c'est comme ça que la chose se passe. Et M. Lucien?

— Il s'est moqué de moi, parbleu! « C'est bien cela, m'a-t-il dit : le garde champêtre, le maire, le sous-préfet, et tant d'autres, voilà bien les obligés, les amis de Jean Finot. Des fonctionnaires, diantre! Qui oserait contre-carrer des fonctionnaires! On serait moins soumis si c'était le bon Dieu. En conscience, Pierre ne pouvait pas faire autrement que de prendre pour avocat le cousin de Jean Finot. »

— C'est humiliant tout de même de faire rire à ses dépens. Mais quand on l'a mérité..... Je crois bien, Pierre, en y regardant de plus près, qu'à toutes ces élections-là nous nous sommes fourré le doigt dans l'œil. Tous ces fonctionnaires, ça veut plaire au gouvernement; ça ne peut pas vouloir que les impôts soient diminués : ils ont part au gâteau. On a tort de s'en rapporter à ces gens-là.

— Mais ça saute aux yeux, Benoît! Je l'ai dit à M. Lucien qui ricanait en me voyant tout sot. Moquez-vous bien, M. Lucien, moquez-vous bien! J'ai été refait, nous avons tous été refaits. Mais à qui la faute? Pourquoi ne nous éclaire-t-on pas?

— Qu'a-t-il répondu?

— Il m'a répondu que Jean Finot et son cousin seraient bien fâchés qu'on me fît voir clair, parce que je pourrais changer d'avis et prendre un autre défenseur. Votre procès, Pierre, ajouta-t-il en s'en allant, durera longtemps et vous ruinera peut-être si le cousin de Jean Finot reste votre avocat.

BENOÎT. — Me voilà tout changé, Pierre ; je voterai comme M. Lucien.

PIERRE. — Et moi de même. Hé! hé! voilà le soleil, Je m'en vais faire un tour aux champs.

FACHEUX EFFETS DE L'IGNORANCE.

—

VICTOR, *bourrelier*. — CONSTANT, *moissonneur en grain*.

Dans les champs.

CONSTANT. — Ho! est-ce qu'on passe sans allumer le tabac?

VICTOR. — Je te voyais animé au travail, je ne voulais pas te déranger.

— C'est l'heure de la pipe, j'ai du feu. Un quart d'heure de conversation fait oublier la fatigue du travail.

— Tu parles comme un livre! Il y en a de plus bêtes que toi dans le village.

— Avec un peu d'école, mon cher, on aurait eu des idées tout comme un autre.

— Tu ne sais ni lire ni écrire?

— Rien. L'enfant du pauvre est mis tôt au travail, et quand on est jeune, on a trop le jeu en tête pour occuper mieux ses moments perdus. J'en ai du regret, mais il est trop tard.

— Pour toi, oui. Mais tes enfants vont à l'école, n'est-ce pas?

— Pendant cinq à six mois, dans la mauvaise saison. Les voilà qui savent lire et écrire passablement. Mais ce n'est pas ça. On ne leur met dans les mains que le catéchisme ; tout leur temps est pris pour la première communion, après quoi les enfants pauvres ne vont plus à l'école : il faut qu'ils gagnent leurs dépens. Le peu qu'ils savent est bientôt oublié.

— L'instituteur fait des cours le soir ; il faut les y envoyer.

— Bast ! ils ont bientôt d'autres affaires en tête. Et puis l'instituteur n'enseigne pas tout ce qu'il voudrait ; il ne peut montrer que ce qu'on lui permet de montrer : le curé est toujours à ses trousses. N'es-tu pas de mon sentiment, Victor ? Si l'on ne met pas dans la tête des enfants des enseignements plus solides, il n'y aura jamais que des sots dans nos villages. C'est M. Lucien qui me l'a dit ; je suis de son avis.

— Vrai, nous ne savons rien de rien. Nous payons des impôts : savons-nous à quoi cet argent sert et comment on le dépense ? Nous nommons des députés : savons-nous ce qu'ils vont faire là-bas, et comment ils s'acquittent de leur besogne ? On nous parle du gouvernement : savons-nous ce qu'il est, ce qu'il fait ? Les gens en place disent que c'est un gouvernement admirable ; d'autres disent qu'il ne vaut rien du tout. Que croire ? Quel malheur de ne pouvoir juger par soi-même ?

Constant. — Est-ce que dans les écoles on ne devrait pas parler de tout ça à la jeunesse? Puisque les gouvernants veulent tenir leur pouvoir du suffrage du peuple, qu'ils mettent donc le peuple en état de juger de leurs mérites.

— Il faudrait aussi savoir se tirer d'embarras dans ses petites affaires. Au village, pour un rien, pour une borne, pour une succession, pour un inventaire, pour un partage; nous voilà tout de suite entre les mains des huissiers, des notaires, des avocats, des tribunaux. On est bientôt plumé quand on est dans toutes ces griffes-là.

— Tu sais ce qui est arrivé aux héritiers de grand père Ancel? Ils étaient quatre têtes pour recueillir son petit héritage, et chacune comptait sur un bon millier de francs.

— Oui. Il y avait là-dedans des mineurs, et grand père Ancel avait fait un petit avantage à l'une de ses filles.

— C'est cela. Le tribunal s'en mêla; les huissiers, les avocats furent de la partie. En fin de compte, sais-tu ce qui resta? Rien! Tout fut croqué et au-delà. Les héritiers furent forcés de porter de leur argent pour achever de payer les frais de la succession. Et dire qu'ils sont tous des pauvres gens comme moi!

— Si ce n'est pas une abomination que toutes ces mangeries-là! Et tu crois que nous sommes bien gouvernés!

— Allons donc!

— Et si l'on apprenait aux gens à voir un peu clair dans les affaires de famille, tu crois qu'on se laisserait écorcher de la sorte !

— Mais jamais ! Je te l'ai dit tout à l'heure : jamais rien n'ira, si l'on ne donne à la jeunesse une instruction plus solide.

— Dis donc, Constant, aux dernières élections, un candidat nous disait vouloir une instruction plus solide pour le peuple, il voulait même cette instruction gratuite et obligatoire, prétendant qu'il valait mieux dépenser beaucoup d'argent pour éclairer le pauvre monde, que pour ces grandes armées avec lesquelles il y a plus à perdre qu'à gagner. Moi, j'ai voté pour lui ; Antoine, le maréchal, aussi ; M. Lucien et quelques autres aussi.

— Etait-ce celui que le préfet et le maire nous recommandaient tant de prendre ?

— Oh non !

— Alors je n'ai pas voté pour l'autre. Tu connais M. Richard. Je fais la moisson chez lui, je travaille pour lui toute l'année. Il nous a dit cent fois que si les ouvriers étaient instruits, les maîtres ne seraient plus obéis, que tout irait fort mal.

— Et M. Richard t'a fait voter comme lui !

— Dame ! on a là son pain, celui de sa femme et de ses enfants. On est bientôt renvoyé, tu sais ? quand on déplait au maître.

— Mais tu ne penses pas, toi, que tout irait ma si l'ouvrier en savait davantage ?

— Pas si bête !

— Et tu as voté contre ta conscience ?

— Bien sûr !

— C'est lâche ça ! Le travail ne manque pas à présent. Les gros fermiers votent comme ils veulent ; votons aussi comme nous voulons. Ils n'ont rien à dire à ça ; il ne nous en estimeront que davantage.

— Tu as raison. Il est certain que l'ouvrier entend mal son affaire, et qu'il se laisse enjôler par ceux qui sont au-dessus de lui. On ne m'y prendra plus.

— Pour ton honneur et pour le bien du pays, je l'espère.

— Hé ! voilà là-bas M. Richard qui commence sa tournée. S'il nous voyait jaser ensemble, j'aurais un fameux galop ! Piochons.

— Je file alors ! A bientôt.

L'EMPIRE C'EST LA PAIX.

ALAIN, *médecin*. — FERDINAND, *propriétaire-cultivateur*.

Au coin du feu.

ALAIN. — Bonjour, Ferdinand !

FERDINAND. — Monsieur le docteur ! Avancez.

— Comment va la santé ?

— Mieux. Me voilà presque debout.

— On peut causer alors, et pousser une petite pointe politique. Je sais que vous aimez ça.

— Oui, oui ! Causons, M. le docteur.

— Que dit-on par ici ?

— Je ne suis pas encore sorti. M. Lucien est venu hier me voir. Nous avons parlé des élections.

— Etes-vous d'accord à présent ? C'est un vrai libéral, celui-là.

— Un brave homme au fond. Il n'a jamais eu bonne opinion de ce que nous avons : nos idées ne s'accordent pas là-dessus.

— Que vous disait-il ?

— Oh ! il m'en a dit fort long. Nous n'en finissons pas quand nous sommes ensemble. Tout marche mal à son point de vue : moi, je soutiens toujours le gouvernement.

— Vieux péché d'habitude.

— Oui, et sur ce point M. Lucien m'a dit :
Ferdinand, je vous ai toujours vu soutenir que
le bien pouvait sortir du mal.

— Diable ! La philosophie s'était mise de la
partie !

— J'ai prié, M. Lucien, de s'expliquer. — La
liberté est elle un bien ? me demanda-t-il. —
Oui, si on n'en abuse pas, lui ai-je répondu.
— Faire le sacrifice de toutes les libertés d'un
pays en faveur de l'autorité absolue d'un seul
homme, rendre cette autorité héréditaire et vouloir ainsi enchaîner l'avenir de toute une nation,
est-ce un bien ? — Non. Mais chez nous ce fut
un mal pour un bien. La République ne nous
donnait que des émeutes, que des combats dans
les rues : C'était la ruine du commerce, c'était
l'impôt des quarante-cinq centimes.

— Vous vous serriez de près, j'espère ! Continuez, Ferdinand.

— M. Lucien me dit qu'on ne renverse pas
un gouvernement sans qu'il en résulte de grandes agitations ; qu'il fallait laisser à la République le temps de s'asseoir. La République,
selon lui, aurait consacré toutes les libertés :
c'est elle qui a donné à la France le suffrage
universel.

— Là-dessus je pense comme M. Lucien. Et
vous ?

— Moi, j'ai dit qu'on se serait bien passé du
suffrage universel, et que la République fait

peur à tous ceux qui ont quelque chose.

— Votre horloge retarde, mon bon Ferdinand.

— C'est possible ! M. Lucien, m'a fait remarquer, lui, que la peur est une mauvaise conseillère, et j'ai avoué que cela se voit quelquefois.

— Une bien petite concession ! Continuez, s'il vous plaît.

— M. Lucien me dit alors : vous prétendez que le renversement de la liberté fut un mal pour un bien : voyons le bien que vous avez retiré d'un si dur sacrifice.

— Ah ! Ah ! ça devient intéressant !

— Moi, j'ai répondu : Nous avons eu la tranquillité, c'est quelque chose !

— Et M. Lucien ?

— Oui, s'est-il écrié, en contractant ses lèvres, et avec du feu dans les yeux, oui ! on a eu la prison, l'exil, la déportation pour les opposants ! Oui ! toute parole coupée, toute réunion politique interdite ! Silence, mutisme partout si ce n'est pour l'approbation et la louange !

ALAIN. — Bon petit régime pour ceux qui ont à craindre qu'on épluche leurs actions.

FERDINAND. — Qu'importent les moyens qu'on emploie, pourvu que les honnêtes gens vivent en paix !

— Les honnêtes gens ! Vous brodez, Ferdinand !

— Je sens bien ce que vous voulez dire. Vous

êtes un peu ce qu'est M. Lucien, vous, M. le
docteur.

— Passons là-dessus. Comment vous êtes-
vous tiré d'affaire avec M. Lucien?

— Pas gêné du tout. Je lui ai demandé si jamais le commerce avait été aussi brillant que
sous l'empire.

— Voyons sa réponse.

— Oh ! il m'a fait une tirade d'un kilomètre
de long. Oui, s'écria-t-il, les banquiers, les fi-
nanciers, les courtisans ont fait merveille. Ils
se sont serrés autour du nouveau trône que flan-
quent un beau budget de plus de deux milliards
et de gros et nombreux emprunts. Les millions
pleuvent dans les mains de ces élus. En voilà
qui sont dix fois, vingt fois, cent fois million-
naires. Mais la richesse d'un pays a des bornes;
elle ne croît pas, elle ne se gonfle pas, comme
font les torrents, en un jour. Lorsque tant d'argent va dans les coffres de quelques-uns, forcément il en reste moins dans la masse des tra-
vailleurs. Grandes fortunes en haut, grandes
misères en bas. Pour mille grands seigneurs,
comptez cent mille valets.

— Hé ! hé ! cette tirade, Ferdinand, me pa-
rait d'une vérité frappante.

— Attendez ! Elle n'est pas finie. « Si, ajouta
M. Lucien, on n'avait pas sacrifié les libertés
du pays, le commerce aurait repris progressi-
vement ; il se serait montré prudent, honnête,
ennemi des réclames impudentes et menteuses:

nous n'en serions pas où nous en sommes. »

— Avez-vous senti, Ferdinand, la logique et la force de ces paroles? Qu'avez-vous répliqué.

— Ce que je suis prêt à soutenir contre vous, Monsieur le docteur, et que je vous défie de nier.

ALAIN. — Quoi donc?

FERDINAND. — Je soutiens que l'ouvrier est content, que son salaire augmente, qu'il est mieux nourri, mieux vêtu, mieux logé. Que veut-on de plus alors?

— Cela s'écarte un peu de la question posée. N'importe. Puisque vous avez substitué la question ouvrière à la question commerciale, à votre tour oseriez-vous soutenir que l'ouvrier n'aurait pas été mieux encore, s'il n'avait pas laissé immoler les libertés du pays?

— Bah! des libertés! ... On en a plus qu'il n'en faut.

— Que vous a dit M. Lucien à propos de l'heureux sort que vous faites à l'ouvrier?

— Lui? Il m'a soutenu que le sort de l'ouvrier n'est pas meilleur. Son salaire augmente, j'en conviens, me dit-il, mais ses besoins augmentent aussi, et dans une plus forte proportion; et le prix de tout ce qui est nécessaire à sa consommation s'élève de plus en plus. Il a beau gagner d'avantage, il n'en est pas plus riche au bout de l'année.

ALAIN. — Il n'y avait guère moyen de contredire à cela.

— Non. Mais j'ai dit à M. Lucien, comme je le dis à vous : Citez-moi un gouvernement qui ait fait exécuter tant et d'aussi admirables travaux.

— M. Lucien a dû se prononcer là-dessus?

— Oui. Il a déclamé même. « On exécute de grands travaux, s'écria-t-il, on bâtit des palais, des églises, des casernes : mauvais signes pour le peuple. Dans nos villes, on démolit le bon pour mettre du neuf à la place : c'est une fièvre. Mais tous ces travaux luxueux auront une fin. Que restera-t-il à faire après? Est-il sage de manger ainsi son blé vert? Oui! les gouvernants, aveuglés par leur succès d'un jour, jettent par la fenêtre les économies du pays et engagent son avenir, comme font ces fils de familles, libertins et débauchés, qui jettent au vent de leurs passions leur héritage futur! Et tous ces dominateurs osent crier par-dessus les toits : Voyez comme les travaux, comme les affaires marchent, comme le commerce fleurit! Mais qu'on interroge l'humble et honnête industrie, l'humble et honnête commerce, on saura ce qu'il faut penser de cette prétendue prospérité qui s'annonce à gros carillons.

— Tout est vrai dans cette déclamation-là, Ferdinand. J'en sais quelque chose, moi. J'ai vu ce qui se fait à Paris. J'ai à Rouen, à Mulhouse, à Lyon, des connaissances et même des parents qui sont dans le commerce ou dans la fabrique; tous sont unanimes dans leurs plaintes : Les affaires ne vont point, le commerce est au plus bas.

— Ce n'est pas comme ça ici, sapristi ! Les grains, le bétail, la volaille, les œufs, le beurre .... ne se sont jamais si bien vendus.

— Comment M. Lucien s'est il tiré de ce pas-là ?

— Il m'a parlé de l'enquête agricole par laquelle on vient de chercher à découvrir les causes des souffrances de l'agriculture.

ALAIN. — Mesure qui démontre bien que l'agriculture souffre.

— Je n'y comprends rien.

— Si fait, vous y comprenez quelque chose, mais vous ne voulez pas l'avouer. Les denrées sont fort chères, il est vrai, mais les charges auxquelles ces denrées doivent faire face se sont élevées au-delà des ressources que le cultivateur trouve dans ses produits.

— J'avoue qu'il est difficile au plus grand nombre de mettre les deux bouts ensemble. Tout est monté trop haut : la location de la terre, la main d'œuvre, les impôts.... Un plus grand mal encore : les bras manquent. Et puis, il faut le dire : Chez le plus petit, comme chez le plus gros, on mène un train aujourd'hui !

— Parbleu ! l'exemple est donné d'en haut ! Vous vous apercevez donc, Ferdinand, que les bras deviennent rares et fort chers ?

— Tiens ! A l'oût dernier, j'ai laissé trop mûrir mon avoine parce que je ne trouvais pas de faucheurs. Un coup de vent est venu qui m'en a jeté la moitié par terre.

— Si vous avez fait à M. Lucien les aveux que vous venez de me faire, il a dû avoir beau jeu contre vous?

— Est-ce que vous voulez encore sa tirade?

— Ce n'est pas de refus, diable!

— Voyez-vous, dit-il, il en faut des bras pour démolir les villes et les rebâtir à neuf! Il en faut pour élever des palais, des églises et des casernes! On nous en prend des hommes pour emplir ces casernes! Ah! Ferdinand, où est-il le temps où vous étiez si fier de crier à tout venant : l'Empire, c'est la paix! Guerre de Crimée, guerre d'Italie, guerre de la Chine, guerre du Mexique, guerre de .... je ne sais où. Qu'avons-nous gagné à tous ces beaux exploits? Alors on se contentait de cinq à six cent mille hommes. Aujourd'hui c'est une autre chanson! C'est huit, c'est douze cent mille qu'on veut avoir. Et notre gouvernement se tue de nous dire qu'il veut la paix! Tous les rois tiennent le même langage, et les armements ne discontinuent pas! Et on fabrique des fusils, des canons à tout abattre, à tout foudroyer en un jour! Il en faut des écus pour ces effrayants préparatifs de guerre! Et depuis que vous avez fait l'empire, Ferdinand, on vous en a imposé de ces maudits *quarante-cinq centimes !*

— Mais, Ferdinand, ce morceau-là n'est pa-piqué des vers!

— Je sais bien. Tout ne marche pas comme on voudrait. La position devient inquiétante.

— On a voulu que le pays fût mis en tutelle ; que tout dépendît de la volonté d'un seul homme. Si cet homme est insuffisant, s'il fait fausse route... Comment s'y prendre alors ? — —

— C'est vrai. On ne change pas de gouvernement comme on change de chemise. Enfin il arrivera ce qu'il plaira à Dieu. Moi, je me retire. Mes filles sont mariées ; il me reste de quoi vivre ; je ne veux plus de culture. Tout s'en va dans les impôts et dans la main-d'œuvre, et bientôt il faudra se mettre à genoux pour avoir un ouvrier.

— Vous irez voter dimanche ?

— Oui, oui ! Je serai assez rétabli pour aller jusqu'à la chambre commune.

— Nous avons trois candidats, vous savez ? Je vois là votre journal. Que dit-il ?

— C'est celui du maire. Selon lui tout marche à merveille, il porte aux nues notre ancien député ; il abîme les autres candidats.

— Il fait son métier : il est payé pour cela. Les journaux de préfecture sont tous de la même pâte.

— Il nous faudrait des hommes francs, capables de parler haut et clair, et de tenir tête au gouvernement quand il s'engage dans un chemin où le pays ne voudrait pas le suivre.

— Le candidat D. N. est un de ces hommes là. Mais il ne plait guère au gouvernement.

Quand les Préfets, les Sous-Préfets viennent dire : c'est celui-ci et non celui-là qu'il nous faut, bien des gens courbent la tête et votent comme il leur est enjoint de voter.

— C'est un tort. Mais on a toujours peur des révolutions.

— Les révolutions viennent, Ferdinand, quand les affaires du pays sont mal faites. Si vous gardez les députés qui font mal ces affaires, tout ira de mal en pis : les hommes, et surtout ceux qui gouvernent, se corrigent difficilement. Laissez faire tout ce monde-là, et vous aurez vous-même préparé les révolutions que vous redoutez.

— Je ne dis pas le contraire. Je ferai mes réflexions... d'ici à dimanche on verra.

— Rien de bon à espérer, si, nous autres campagnards, nous ne votons que comme les gens en place nous disent de voter.

— Leur intérêt y est : ils ont part au gâteau. Si on leur envoyait des gens pour leur dire : le gâteau est trop gros ; ça ne ferait pas leur affaire.

— C'est à nous de ne pas oublier que nous fournissons la farine et les œufs et le beurre.

— C'est bien ! C'est bien !

— Adieu ! vous voilà parfaitement guéri. Vous n'avez plus besoin de moi.

— Au revoir, M. le docteur.

NOMMONS NOUS-MÊMES NOS MAIRES.

M. ALAIN. — JOSEPH, *petit fermier*.

Le long de la rue.

JOSEPH. — Que diable vous êtes-vous en fourné dans cette maudite rue! Vous n'en sortirez jamais, M. le docteur.

M. ALAIN. — Je suis appelé pour un malade à la dernière maison du village. J'ai laissé mon cabriolet là-bas sur la route. Il faut pourtant que j'arrive. Je me tiens aux haies comme je peux. Bon! m'en voilà par-dessus les chevilles!

— Montez sur mon second cheval... sans quoi vous resterez embourbé.

— Approchez, Joseph. Pour aller jusqu'à vous il me faudrait franchir un abime. J'en aurais jusqu'au cou.

— Vraiment, il y a ici des trous à y enfouir un cheval.

— Encore un pas, Joseph. Houp! me voilà sauvé. I, dada!

— Tenez-vous bien, M. Alain! Le cheval peut butter et vous jeter à terre.

— Je serais propre!

— Il a tant plu depuis trois jours!

— Quel enfer de pays, va! Il n'y a donc pas de maire dans votre commune?

— Il y en a un, et il n'y en a pas.

— Comprends si tu peux, mon bonhomme!

— Vous savez ce que je veux dire,

— Dites-moi tout de suite que votre maire ne vaut rien, sans me mettre à la devine.

— Puisque vous le connaissez! Vous venez assez souvent dans le pays, n'est-ce pas?

— Il ne vous manque pourtant pas de cailloux sur votre terroir. Vous n'êtes donc tous que des paresseux par-ici?

— Le conseil municipal vote chaque année des fonds pour la réparation des chemins. Le maire fait ramasser des cailloux et il les laisse en tas au milieu des champs. S'il en fait charrier deux ou trois voitures, c'est pour les jeter au hasard dans les plus grands trous sans aucun agencement.

— Ce n'est pas le moyen d'avoir de bonnes rues. Votre culture doit souffrir d'un tel état de choses.

— A qui le dites-vous? On perd du temps, on casse, on brise tout.

— Votre maire est cultivateur lui-même : il doit souffrir autant que les autres.

— Bah! il pense bien à ça! Depuis seize ans qu'il est en place, on n'a fait que crier contre lui. Il y reste tout de même. C'est facile à lui : il est au mieux avec le juge de paix, le percepteur, le curé, les gendarmes; son grand souci est de bien dîner avec ces messieurs. Le peu d'argent qu'a la commune s'en va pour les embellissements de l'église et du presbytère.

— Il faut beaucoup de ces dépenses-là, Joseph, pour produire un boisseau de blé.

— Je vous crois, M. le docteur !

— Comment se fait-il que dans vos élections vous ayez donné vos voix à un homme aussi peu soucieux des vrais intérêts de la commune ?

— Il a toujours été l'un des derniers sur la liste ; et si chacun avait voté avec franchise, il n'aurait jamais eu que sa propre voix.

— Alors, c'est le Préfet qui, malgré tout, veut que cet homme soit votre maire.

— Pardi !

— Alors, vous n'approuvez pas qu'on ait retiré aux communes le droit de choisir elles-mêmes leurs maires ?

— On ne pouvait rien faire de plus mauvais !

— Un bon maire c'est tout dans une commune. Chaque commune sait mieux que le gouvernement quel est l'homme qui lui convient.

— Ça tombe sous le bon sens.

— D'ailleurs le droit est là. Mais les besoins d'une fausse et fâcheuse politique nous ont fait retirer ce droit précieux avec tant d'autres.

— Pourquoi y tient-on à cette fausse politique ?

— Si elle tient, c'est un peu votre faute, Joseph. Vous le comprenez peut-être déjà.

— Je ne sais pas ce que vous voulez dire.

— La marche de la politique dépend des électeurs.

— Que me parlez-vous des électeurs de village! Que savent-ils?

— Qu'ils aient seulement du bon sens. Le remède au mal ne peut venir que de nos représentants. Nous allons pouvoir en nommer de nouveaux. Ceux qui ont fait leur temps s'entendent trop bien avec le gouvernement pour vouloir jamais qu'on rende aux communes le libre choix de leurs maires.

— Bon voyage à ces messieurs! Nous en nommerons d'autres, M. le docteur.

— Il faudra faire un bon choix.

— Savez-vous, M. Alain, qui se présente chez nous?

— Le député actuel! Il compte bien passer encore.

— Merci! Je ne me dérangerai plus pour celui-là.

— Tous les gens en place le soutiennent : c'est le candidat du gouvernement.

— Tant pis! Ne m'avez-vous pas dit que celui-là ne veut pas que nous choisissions nous-mêmes nos maires?

— Si fait. Il veut ce que le gouvernement veut, il refuse ce que le gouvernement refuse.

— A quoi nous sert-il, alors? Il y en a d'autres qui se présentent, M. Alain?

— Deux autres. Un, qui voudrait qu'on donnât au pays un peu plus de liberté ; l'autre, qui veut qu'on rende au pays toutes ses libertés.

— Quel est celui des deux qui agira pour qu'on nous rende le droit de choisir nos maires ?

— Le dernier, bien entendu !

— Il sera votre homme ?

— Oui. Je suis pour toutes les libertés.

— Il sera aussi mon homme.

ALAIN. — Me voilà arrivé. Merci, Joseph ! sans votre cheval je serais resté en route. Pauvres gens, va ! forcés d'habiter au milieu de pareils cloaques, tout en donnant leur argent pour bâtir des palais à leurs maîtres !

— Je vous salue, M. le docteur.

LA LIBERTÉ DE LA PRESSE.

M. LUCIEN, *ancien professeur*. —
ROBERT, *couvreur*.

Au pied de l'échelle.

M. LUCIEN. — As-tu chaud là-haut sur ton échelle?

ROBERT. — C'est vous, M. Lucien? Je descends. J'ai quelque chose à vous demander.

— Qu'y a-t-il pour ton service?

— Hier dimanche on a affiché dans le cabaret un papier que je me suis amusé à lire. C'est un Monsieur D... N... qui demande qu'on vote pour lui. Il dit qu'il ne veut pas d'aussi gros impôts, qu'il ne faut plus d'armées permanentes pour lesquelles on dépense trop, qu'il vaut mieux dépenser davantage pour nous donner plus d'instruction. Tout cela est très-clair pour moi, et je suis de l'avis de ce monsieur. Mais où je ne le comprends plus, c'est quand il dit qu'il veut l'entière liberté de la *presse*. Qu'est-ce que c'est que la *presse*?

M. LUCIEN. — Pour imprimer une feuille de papier on la met sous une presse, on la presse.

— Je n'y suis pas encore.

— Sais-tu la différence qu'il y a entre la parole et l'écrit?

— Je m'en fais une idée.

— Eh bien! La *presse* c'est la parole écrite. Par la simple parole on peut devant un particulier, devant une assemblée, se faire entendre et dire tout ce que l'on croit être la vérité, si toutefois la parole est libre. Mais pour parler en même temps à tout un grand pays, à des gens qui sont éloignés de deux cents lieues les uns des autres, la voix, la simple parole est impuissante alors : il faut la parole écrite. Si cette parole écrite se produit chaque jour, la feuille de papier qui la reçoit et qu'elle remplit, s'appelle un *journal;* et chaque jour ce journal est expédié, par la poste, aux quatre coins du pays. C'est par un tel moyen qu'un seul homme, sans sortir de son cabinet, peut parler au même instant à des milliers de personnes sans jamais les avoir rencontrées, et sans être lui-même connu d'elles. La liberté de la *presse*, c'est la liberté du *journal.*

— Bon! bon! J'y suis maintenant. Les journaux alors ne sont pas libres. Pourquoi ne le sont-ils pas?

— Parce que nos gouvernants n'aiment pas qu'on en dise trop sur leur compte.

— Si c'était la vérité pourtant!

— N'importe, il faut se taire.

— Je n'aime pas ça. Et si, malgré la défense, les journaux parlent tout de même?

— De la prison, de grosses amendes pour ceux qui violent la défense.

— Si les gouvernants ont si peur qu'on parle d'eux pourquoi restent-ils en place.

— Tu es bon, Robert!... Parce que la place est belle !

— C'est nous qui les payons tout de même ; et pour notre argent, il devrait nous être permis de savoir comment ils le gagnent.

— Ce serait dans l'ordre. Mais pour eux la mode est renversée : c'est le payé qui est le maître, c'est le payant qui doit tout voir, tout entendre et tout croire sans avoir le plus petit mot à dire.

— C'est de l'abus ça. Moi, j'entends que ceux que nous payons sont bel et bien nos serviteurs et qu'il nous est permis de savoir s'ils s'acquittent bien de leur besogne.

— Quand le pays s'appartiendra, il en sera ainsi ; mais il ne s'appartient pas encore.

— On m'a dit que le peuple est souverain.

— Il est beau le souverain! Il y a bientôt vingt ans qu'on l'a remis en tutelle. Est-ce que les mineurs ont quelque chose à voir dans leurs affaires avant d'avoir atteint leur majorité?

— Vous voulez rire, M. Lucien. Mais j'enrage d'être si peu au courant des affaires de mon pays.

— Bah! Nos gouvernants font sonner toutes leurs cloches en signe de réjouissance parce qu'ils ont démontré à leur manière que le pays est dans le ravissement et qu'il ne donnerait pas son gouvernement pour tous les gouvernements du monde. Est-ce que tu n'entends pas ce carillon?

— Ça n'empêche pas qu'il y a des plaintes de tous côtés, et que moi, je ne suis pas du tout dans le ravissement. Ce qui me vexe le plus c'est de n'avoir pas le moindre journal à lire tout au moins le dimanche.

— C'est pénible, surtout pour un homme qui a de l'idée et du sentiment.

— Combien coûte un journal, M. Lucien?

— C'est selon. Un grand journal de Paris auquel on permet tant soit peu de parler politique, coûte soixante-quatre francs. C'est à peu près moitié moins, pour un petit journal de province.

— C'est trop cher, nous ne pouvons y mordre.

— Si la presse était libre, si elle n'était chargée d'impôts, pour un sou, tu pourrais avoir, quand tu voudrais, une bonne petite feuille qui te parlerait de tout. Il passerait dans nos villages des marchands de journaux comme il y passe des marchands d'images.

— Est-il vrai, bon Dieu! qu'il y ait des impôts même là-dessus!

— Je crois bien! D'abord, pour un journal politique, il faut déposer un gros cautionnement qui réponde des amendes; le timbre lui

prend cinq centimes par feuille ; il y a les procès, les condamnations : on a vu plus d'un
journal en être à dix mille francs pour une
phrase, pour un mot qui avait déplu. Soumis à
tant de charges et d'entraves, les journaux
coûtent le double de ce qu'ils coûteraient, ils
ne disent pas la moitié de ce qu'ils diraient,
si la presse était libre.

— On ne veut donc pas que nous lisions,
nous autres?

— On n'y tient pas beaucoup. Si fait. Il y a
une masse de petits journaux, tout remplis
d'images, de babioles, de cancans, d'amou-
rettes; une masse de petits livres, tout remplis
de miracles, d'oraisons à la Vierge, à saint Joseph, à saint Labre..... On en fabrique, — en
veux-tu? en voilà!—tout exprès pour vous. Le
gouvernement ne met pas d'impôts sur ces
productions salutaires; il les laisse naître et
circuler sans entraves. Ça ne coûte pas cher :
vous pouvez vous en régaler à discrétion.

— Merci! Je connais la marchandise. Elle se
vend à bon marché parce qu'elle est avariée.
C'est du sérieux qu'il me faut à moi; c'est des
affaires de mon pays que je veux qu'on me
parle. Je voterai pour D... N...

— Et tu auras raison. Fais la leçon aux voisins.

— Je n'y manquerais pas. Au revoir et
merci, M. Lucien.

———————

LE CANDIDAT BLANC.

M. LE CURÉ. — M. LUCIEN.

Un pas de conduite.

M. Lucien. — M. le curé, je suis le vôtre!

M. le Curé. — M. Lucien, votre serviteur! Je vais jusqu'à la paroisse voisine.

— Je vais aussi de ce côté. Je puis vous faire un pas de conduite.

— Nous causerons des affaires du temps.

— A votre aise, monsieur le curé.

— Que dit-on des élections?

— Voilà la grande affaire. On ne parle plus d'autre chose.

— Il y a trois candidats en présence. La lutte sera vive.

— Il paraît. Mais l'ancien député tient bon. Toute l'administration l'appuie chaudement. Les deux autres candidats auront fort à faire contre lui.

— On ne sait pas. J'ai entendu chuchoter dans plus d'un endroit; bien des gens lui tourneront le dos, vous verrez.

— Les fonctionnaires, depuis le Préfet jusqu'au garde-champêtre, ont tant d'influence sur la masse ignorante et craintive.

— Voilà douze ans que ce député est à la Chambre, et l'on n'a recueilli de lui que des *bravo!* des *très-bien!* qu'il pousse avec zèle toutes les fois que les hommes du gouvernement parlent.

— Il est vrai que le gouvernement peut dire et faire tout ce qu'il veut, ce n'est pas ce représentant-là qui le contredira, qui le combattra.

— Est-ce ainsi qu'on sert les intérêts du pays! Un député montre-t-il de la dignité en se tenant à plat ventre devant ceux qu'il doit surveiller et contrôler!

— Si les électeurs aiment que leurs représentants soient ainsi?.....

— C'est une moquerie! Nos campagnards font un député sans chercher à savoir ce qu'est, ce que vaut l'homme : après l'avoir nommé, ils ne s'occupent plus de lui.

— Ces pauvres gens sont si ignorants! On ne leur a appris que le catéchisme, qui n'enseigne guère les droits et les devoirs du citoyen.

— Il n'est pas ici question du catéchisme. Je dis moi que, avec des députés dépendants et flatteurs du pouvoir suprême, les gros budgets, les déficits, les emprunts, les grandes levées de soldats; la compression, l'arbitraire, la domination sans contrôle; tout ce qui blesse les

intérêts et la dignité du pays ne prendra jamais
fin.

— Nos bons paysans s'inquiètent peu, s'é-
meuvent peu de tout cela. S'ils voyaient clair,
ce serait autre chose.

— Il faut que les gens éclairés agissent.

— Vous êtes de l'opposition, M. le curé!

— Avec un peu d'idée et de sentiment, en
voyant ce qui est et ce qui se passe, qui ne
serait pas de l'opposition!

— Je ne vais pas au contraire. Alors D... N...
aura votre appui et votre voix ?

— Y pensez-vous! D... N... est un libre-
penseur, il est contre le pouvoir temporel de
N. S. P. le Pape.

— Avec un peu de raisonnement et de sincé-
rité, on est forcément de cette opinion-là.

— Il veut la séparation de l'Église et de
l'État.

— Ce vouloir-là, M. le curé, est de toute
justice. Pourquoi exige-t-on que moi, par
exemple, je paye pour une chose dont je ne
veux pas me servir?

— Où irait la société si elle cessait d'être
sous la sauvegarde de la sainte Église?

— Elle irait où mène le bon sens. L'Église a
fait le peuple ce qu'il est : les prêtres seuls
jusqu'en ces derniers temps lui ont donné l'enseignement ; s'il est resté ignorant, incapable
de comprendre ses intérêts civils et nationaux,
c'est aux prêtres qu'il doit ce malheur.

— Nous ne travaillons que pour le ciel.

— Pour le gagner, il faut savoir vivre sur la terre.

— Notre mission est d'enseigner le détachement des choses d'ici-bas.

— Mauvais enseignement. Il faut au contraire attacher l'homme à la terre, lui montrer tous les biens recélés dans son sein et destinés à son usage, l'exciter à les multiplier, à les perfectionner par son travail et par son industrie, afin que tout individu de bonne volonté puisse avoir de ces biens sa légitime part.

— Cette doctrine est contraire à l'esprit de Dieu.

— Cela vous plaît à dire. En tout cas, cette doctrine est conforme à l'esprit de la justice. Mais je reviens au détachement que vous prêchez : pourquoi ne donnez-vous pas l'exemple? Pourquoi tenez-vous tant au temporel?

— Nous n'ambitionnons pas les biens de la terre. Nous cherchons des défenseurs : l'Église est attaquée de toutes parts.

— Si l'Église est attaquée, c'est qu'elle prête à l'attaque.

— M. le marquis de... qui a une grande et honorable position dans le pays, se porte candidat. Voilà l'homme qu'il nous faut.

— Il vous irait vraiment : un défenseur du trône et de l'autel!

— C'est un esprit éclairé, libéral, qui revendiquerait et soutiendrait nos libertés mieux que

D... N... dont les opinions sont trop radicales.

— M. le Marquis rêve le triomphe et le retour de la légitimité. On dit encore de lui : c'est un *blanc*. Si le peuple nomme un grand nombre de députés de cette couleur, qu'il s'attende à changer de cocarde.

— M. le Marquis n'est pas un révolutionnaire. Il veut le maintien de l'ordre, le triomphe de nos libertés et la paix de l'Église.

— Et vous êtes sûr qu'en lui ne couve plus le moindre faible pour les bons privilèges d'autrefois ?

— Toutes ces vieilleries-là sont oubliées.

— M. le Marquis n'aime pas l'empire. Que mettrait-il à la place ?

— Il est un dévoué serviteur du droit. Le droit ne périt pas.

— J'entends. Le droit de Henri V au trône de France est imprescriptible. Electeurs, criez : Vive Henri V ! Jetez bas un trône pour en avoir aussitôt un autre.

— Vous allez trop loin, M. Lucien.

— Pourquoi tourner autour du pot ! je ne voile pas ma pensée, moi.

— Nous sommes soumis aux puissances de la terre.

M. LUCIEN. — Même aux tyrans, même aux despotes et vous ne les servez pas mal quand ils vous laissent vos coudées franches. Moi, je ne reconnais de pouvoir que celui qui émane d'un peuple éclairé et libre.

— Vous êtes démocrate, M. Lucien !

— Je le suis. Et je vous dirai que l'esprit qui souffle aujourd'hui n'est pas favorable aux royautés. Inspirez-vous de cet esprit nouveau ; cessez de regarder en arrière ; rangez-vous du côté du peuple : sans quoi le siècle vous emportera comme il emporte tout ce qui est contraire à la liberté. Votez pour la Démocratie

— Nous ne le pouvons, nos évêques nous le défendent.

— Vous n'êtes pas libres alors. Je vous plains et vous laisse, M. le curé.

L'ÉLECTEUR INDIFFÉRENT CONVERTI.

GASPARD, *ancien compagnon charpentier*.
FRANÇOIS, *journalier*.

Rencontre sur la route

GASPARD. — Va te débarbouiller, François. Te voilà fait comme un petit savoyard qui sort d'une cheminée.

FRANÇOIS. — On revient pour ça, mon vieux ; le noir c'est la couleur du métier.

— Tu te plais donc là-bas dans tes charbonnages ?

— Eh oui ! On y gagne sa petite journée.

— Combien donc ?

— Deux francs cinquante, mon bon. C'est mieux que dans notre méchant village où pour vingt-cinq sous il faut avoir du matin jusqu'au soir le fléau sur les bras.

— Oui. Mais on s'y plaint diablement dans ton village. La moitié des blés reste en gerbes dans les granges. On ne trouve plus de batteurs. Les souris et les rats auront bonne part.

— Tant pis pour ceux qui ont du blé à battre ! Chacun cherche son petit profit comme il peut.

— C'est permis. Mais il n'en est pas moins vrai que les mines, les villes et la conscription enlèvent tous les bras ; que la culture va devenir impossible, et qu'on n'en sera pas mieux quand on n'aura plus de blé.

— Je ne peux rien à ça, Gaspard.

— Les affaires du pays sont mal faites ; il faut un changement.

— Ça ne me regarde pas. D'une façon comme d'une autre il me faudra toujours piocher dur pour vivoter.

— Est-ce que le dernier comme le premier n'a pas intérêt à être bien gouverné ?

— Cette pensée-là ne m'est jamais venue.

— Tous tes mineurs là-bas s'occupent-ils des élections ?

— Il y en a qui en parlent. Moi, je ne me mêle pas de cette bêtise.

— Corps sans âme, va ! Tu n'aimes donc pas ton pays ? Tu ne veux pas lui donner un bon député ? Tu craches sur ton droit de voter qui te fait l'égal de celui qui vient de passer en carrosse devant nous !

— Une voix de plus ou de moins, qu'est-ce que ça peut faire ?

— Qu'il y ait dix électeurs aussi insouciants que toi, en voilà trop pour faire manquer une bonne élection.

— Puisqu'on vote toujours pour celui que le gouvernement demande. Pourquoi le gouvernement ne nomme-t-il pas tout simplement

lui-même le député qu'il veut avoir? Il est
inutile de déranger les gens!

— Dans bien des endroits on voit plus clair
que chez nous, et on nomme justement le député que le gouvernement ne voudrait pas
avoir.

— Pourquoi ça! On veut donc déplaire au
gouvernement par là?

— Parce qu'un député doit être un défenseur des intérêts du pays contre le gouvernement qui peut compromettre ces intérêts. Si
les affaires sont mal faites, le député dit son
mot, se met en quatre pour qu'on fasse mieux.

— Si le gouvernement n'écoute rien, s'il n'en
fait toujours qu'à sa tête?

— Que tous les députés soient bons, ou seulement les trois quarts : il sera bien forcé
d'écouter; il aura devant lui la volonté du pays.
Quand le pays parle, il faut obéir.

— Je veux bien te croire. Mais...

— Si le gouvernement choisissait lui-même
les députés, tu penses bien qu'il n'irait pas
prendre des hommes qui seraient dans le cas de
le contrarier , de l'empêcher d'aller toujours
son train.....

— Ça saute aux yeux, Gaspard !

— De lui dire, par exemple, que les impôts
sont trop lourds....

— A moi, ça m'est égal qu'il y ait de gros
impôts; je n'ai qu'une méchante cahutte : le
gouvernement ne me demande rien.

— Et tu n'as pas souci des autres? ha bien! tu es un charmant garçon! Que demain, là-bas, tu aies une jambe ou un bras cassé, que deviendrais-tu? Que deviendraient ta femme et tes enfants?

— Dame! il n'y aurait plus de pain à la maison.

— Ta femme, accompagnée du maire, irait de porte en porte implorer un peu de secours pour le ménage du pauvre estropié. Si tout le monde était comme toi, que pourrait-on lui dire à ta femme?

— Qu'est-ce qu'on lui dirait?

— Oui.

— Qu'est-ce qu'on pourrait lui dire? Je n'ai rien fait à personne, moi.

— On serait en droit de lui dire que François n'a nul souci des autres; qu'il ne ferait pas un pas pour nommer un bon député dont tout le monde a besoin; qu'on n'a pas à se gêner pour lui; que s'il est dans l'embarras, c'est à lui de se tirer d'affaire comme il peut.

— Ce serait bien dur tout de même.

— On suivrait ton exemple.

— Mais puisque je ne connais rien aux affaires du pays. C'est de la politique ça! Tout le monde s'en moque de la politique!

— Les ignorants, les sots comme toi.

— Je te remercie, Gaspard!... Je ne me fâche pas, car j'ai peut-être tort.

— Tu dis donc que le gouvernement ne te

demande rien à toi?... En es-tu bien sûr?

— Je ne vais jamais chez le percepteur, et il me laisse tranquille.

— Combien te faut-il de tabac le long d'un an?

— Neuf ou dix paquets d'un kilo.

GASPARD. — A quatre francs, quarante francs.

— C'est bien ça.

— Si chacun était libre de planter son coin de tabac, à combien reviendrait le kilo, penses-tu?

— A peu de chose.

— Mettons cinquante centimes.

— Sacrebleu! J'aurai ma provision pour une pièce de cent sous!

— Elle te coûte quarante francs. Où va la différence?

— A la régie, parbleu!

— Au gouvernement! La régie et le gouvernement ne font qu'un, pauvre idiot!

— Tu m'abîmes, Gaspard!

— Là-bas, tu prends bien une chope ou deux chaque jour; un café est de rigueur; tu fais ta petite partie le dimanche?

— Chaque jour de la semaine j'ai pour huit sous de boisson, sans compter les extra : il faut bien faire un peu comme les camarades. Le dimanche j'en suis à mon pot de bière, quelquefois à deux selon la chance. Pose douze sous pour mes estaminets l'un dans l'autre.

— Laisse-moi calculer... C'est fait. Ta boisson de chaque jour et tes estaminets te reviennent au bout de l'an pour le moins à deux cents francs. Le gouvernement prend des droits sur ces articles-là.

--- Je le sais.

--- Combien?

--- Ah!...

---- Pour ne pas exagérer mettons vingt francs sur tes deux cents francs de consommation.

--- Ça ne peut pas être moins. Il y a des gabelots.

--- Ainsi, d'une part pour ton tabac, trente-cinq francs, d'autre part pour ta boisson, vingt francs --- total, cinquante-cinq francs que, sans t'en douter, tu payes bel et bien au gouvernement.

--- Je n'en reviens pas!

---- Ce n'est pas tout. Ta femme et tes trois enfants consomment bien un peu aussi de toutes ces choses sur lesquelles on a mis des droits. Posons vingt-cinq francs, au plus bas mot, pour le tribut que paye ton petit ménage au gouvernement.

---- Gaspard, je te remercie. Voilà la première fois que mes yeux s'ouvrent. Ah! le gouvernement me prend quatre-vingts francs, à moi, pauvre mercenaire! Mais je jetterais ma casquette en l'air si j'avais quatre-vingts francs... de moins dans mes dépenses. Et on me subtilise cet argent sans que je m'en aperçoive encore!

--- C'est ce qui s'appelle écorcher les gens sans les faire crier.

--- Ha bien! C'est moi qui vais crier! Et que me donne-t-on pour tout cet argent que j'ai tant de mal à gagner?

--- Tu as un Empereur — une cour... mieux que celle du Grand Turc — de beaux princes, de belles princesses — une garde superbe — une grande armée, la première du monde — un respectable Sénat --- des fonctionnaires... Bah! on ne peut les compter --- et des prêtres, et des chanoines, et des évêques, et des cardinaux, et tout le diable et son train. Va! tout ton argent y passe bien, François; et si tu n'es pas content, c'est que tu es difficile.

--- Tout ça me fait une belle jambe à moi! Est-ce que j'ai besoin de m'éreinter pour tous ces messieurs-là? A quoi me sont-ils utiles, dis, Gaspard? Mais, j'irai voter cette fois, et je parlerai aux camarades. Je veux être gouverné, mais à moins de frais que ça, et en avoir pour mon argent.

--- Tu as raison. Fais comme tout le monde. Mais ne t'emporte pas. Ecoute le bon sens, et sois pour la cause du peuple.

--- Nous irons voter ensemble, hein? mon vieux. Comme tu feras, je ferai.

--- C'est dit. A dimanche prochain.

UN CONSERVATEUR QUAND MÊME.

M. LUCIEN. — M. RICHARD, *fermier-pro-
priétaire.*

—

La promenade aux champs,

M. Lucien. — Monsieur Richard, qui va voir
si ses avoines sont bien levées.

M. Richard. Oui, Monsieur Lucien. Venez-
vous de mon côté?

— Volontiers. Ma promenade n'en sera que
plus agréable en votre compagnie.

— Quelle nouvelle?

— Oh! les élections. On ne parle que des
élections. Quels sont les candidats? Que pro-
mettent-ils? Pour qui faut-il voter? .... Jamais
si grand mouvement ne s'est vu dans les es-
prits.

— On se montre fort éveillé, en effet. Moi,
je n'aime pas tout ce bruit, tout ce remue-mé-
nage.

— Le suffrage universel n'est pas de votre
goût, M. Richard?

— Est-ce que tout ce monde-là comprend
quelque chose aux affaires?

— Je vous croyais satisfait. Ce monde-là a
toujours voté selon votre désir.

— Parce qu'on a su le mener, et qu'il s'est laissé mener. Mais il ne faut qu'un moment....

— C'est vrai.

— Je ne suis pas tranquille quand je vois mes ouvriers faire entr'eux de la politique.

— Ils y ont intérêt autant que nous.

— N'en ai-je-pas entendu un l'autre jour dire aux autres qu'il était pour les démocrates!

— Où est le mal? Le suffrage universel n'est-il pas le fondement de la démocratie?

— La démocratie me fait peur!

— Le peuple n'a pas connu d'abord l'instrument qu'on lui a mis entre les mains; il n'a pas su en tirer avantage jusqu'ici. Mais en pratiquant, il apprendra à mieux faire.

— A mieux faire? Qu'attendez-vous donc?

— J'attends l'avènement de la vraie démocratie. Ne voyez-vous pas que, avec vos légions de fonctionnaires, avec votre armée qui prend toute la jeunesse, bientôt la moitié de la nation devra suer sang et eau pour appointer, pensionner, retraiter l'autre moitié? Votre machine gouvernementale est trop lourde, trop compliquée; il y a trop de frottement; ses mille rouages s'engorgent; elle ne marchera bientôt plus sans un nettoyage radical, sans une énorme simplification. Il ne faut pas être sorcier pour comprendre qu'un pays, quelle que soit son étendue, peut être gouverné par des moyens plus simples, plus rationnelles et moins dispendieux.

— Et ce sera le peuple qui opèrera ce prodige?

M. Lucien. — Ses représentants, quand il saura bien les choisir.

— Vous attendrez longtemps.

— Qui sait? Une bonne inspiration peut lui venir demain. N'est-ce pas le peuple qui porte le fardeau?

— Miséricorde! N'allez-vous pas dire que l'ouvrier est accablé d'impôts! Que paye-t-il?... Sa cote personnelle peut-être... C'est nous qui serions en droit de nous plaindre! Pour mon compte, m'en voilà à plus de mille francs chez le percepteur; c'est presque doublé depuis dix-huit ans.

— Vous ne pensez pas aux impôts sur la consommation, M. Richard! C'est par là qu'on atteint le travailleur qui n'a que ses bras.

— Cela se paye sans qu'on s'en aperçoive.

— Double mal. Chacun doit voir clair dans ses comptes. Et l'impôt du sang.... sur qui pèse-t-il, M. Richard? Vous ayez fait remplacer votre fils, vous : l'ouvrier peut-il en faire autant?

— L'ouvrier est aussi bien à l'armée qu'ailleurs : il y est mieux nourri, mieux vêtu, il y apprend à vivre.

— Pourquoi n'ajoutez-vous pas qu'il y est libre et content, qu'il y fait son chemin.

— Quand le corps est bien, on se soucie peu du reste.

— Admirable! Le sens moral est en progrès chez nos bons conservateurs! Partez, jeunes

conscrits ; c'est au bonheur qu'on vous appelle !
Mères, réjouissez-vous ; vos garçons vont goûter pour longtemps les délices de la caserne ! Si
leur travail vous fait défaut, si le ménage s'ap-
pauvrit, si les enfants ont la tête cassée : ne
pleurez pas ! Ne doit-on pas quelque sacrifice
à la patrie, à la gloire de son souverain, à celle
de ses illustres maréchaux ! ..... A qui, M. Richard, ferez-vous goûter cette énorme plaisan-
terie ?

— Il est certain qu'on aimerait mieux rester
chez soi. Mais il faut des soldats....

— Qu'en faites-vous ?

— Pour garder le pays, d'abord....

— Les peuples ne sont plus assez fous pour
songer à se faire la guerre.

— Ensuite, pour défendre l'ordre à l'inté-
rieur.

— Organisez mieux la société, gouvernez la
bien ; vous n'aurez pas besoin de soldats : une
simple milice suffira.

— Vous rêvez, M. Lucien !

— Vous, qui avez l'esprit solide et pénétrant,
vous ne soupçonnez pas un autre dessein, une
sorte de concert, sous ces armements formi-
dables ?

— Ma foi, non !

— M'est-il permis de vous soumettre mes
soupçons ?.... mes convictions, devrais-je dire.

— Allez toujours !

— La plupart des rois sont investis d'un pouvoir excessif qui ne cadre pas avec la raison humaine : ils le sentent eux-mêmes, et malgré leurs consciences, ils sont bien décidés à n'en rien perdre. Autrefois, ils avaient pour eux le *droit divin*, l'attachement, le culte aveugle des masses ignorantes. Notre siècle raisonneur a fait évanouir ces superstitions : s'il en reste quelques traces, cela ne compte plus comme garantie de stabilité. Les rois ont cherché une autre garantie pour leur haute position ; ils ont cru la trouver dans les grandes armées. Le soldat ne raisonne point : il obéit quand même ; il frappe n'importe sur qui, n'importe sur quoi. Avec beaucoup de soldats les rois se croient en sûreté.

— Il est bon qu'ils soient en mesure de mettre à la raison les fauteurs de révolutions.

— Ceux qu'on nomme révolutionnaires ont pour eux l'idée. Lorsque l'idée est mûre, devant elle, les plus grandes armées fondent comme la neige sous l'action du soleil. Les exemples en sont fréquents de nos jours ; les rois et leurs partisans devraient s'en souvenir.

— Votre idée fait peu de chemin.

— Laissez la cheminer pas à pas ; opposez lui moins d'entraves. Déjà le peuple entr'ouvre les yeux : qu'un peu plus d'instruction les lui ouvre tout grands : Notre idée est bonne, il la fera sienne, et l'heure du triomphe aura sonné pour elle.

— Merci ! Qu'on mette le peuple aux études,

que tout ouvrier devienne un bachelier, on en
verra du beau alors! Qui voudra travailler à la
terre? Qui commandera? Qui obéira? C'est alors
qu'il en faudra des places, quand tout le monde
en voudra, quand tout le monde se croira ca-
pable de les remplir! Laissez, M. Lucien, le
peuple tel qu'il est; on a déjà beaucoup de peine
à s'en servir.

— Vous exagérez tout, vous vous effrayez de
tout. Avec plus de lumières dans les masses,
l'esprit mauvais d'aujourd'hui fera place à un
meilleur esprit. L'Etat sera mieux réglé; plus
rien ne sera donné à l'ambition, à l'intrigue, à
la faveur; le mérite seul l'emportera. Chacun,
ne comptant que sur soi, trouvera en soi les
moyens de se produire et de se suffire. L'intel-
ligence et le génie prendront de l'essor; le travail se perfectionnera, produira davantage......

— L'impossible, quoi! M Lucien vous ne
changerez pas les hommes.

— Il est d'heureux pays où la liberté produit
les effets que je vous expose. Voyez la Suisse,
voyez les Etats-Unis d'Amérique.

— Laissons les étrangers ce qu'ils sont : res-
tons ce que nous sommes.

— Cela ne se peut.

— Je m'étonne, M. Lucien, que dans la bonne
position où vous êtes, vous soyez avec ceux qui
veulent tout changer.

— Affaire de conscience, M. Richard. Est-il
juste et généreux celui qui, ayant une position,

désire qu'elle soit assurée sur l'ignorance et sur l'abjection d'une partie de ses semblables.

— Toujours vos grands mots! Je dis, moi que quand on a quelque chose on doit tenir à le conserver. Si le peuple savait tout, pouvait tout, il voudrait tout avoir. Laissons la société telle qu'elle est.

— Oh! les trembleurs! ..... instruments de despotisme!

— Il vaut mieux cela que le désordre.

— Calomniez! Calomniez! Le désordre est chez vous : désordre matériel, désordre moral; votre situation est un chaos, et vous osez crier au désordre chez les autres. Allez, M. Richard, votre parti est celui de l'égoïsme; selon vous la justice et le droit n'ont rien à faire sur la terre; vous enfermez les nations dans la servitude et dans l'immobilité; le progrès vous fait peur. Vous êtes plus que moi un fauteur de révolutions.

— Malgré votre anathème, si les gens du pays m'en croient, ils voteront, comme ils ont toujours fait, pour le candidat officiel.

— Tant pis pour eux s'ils vous écoutent encore! Mais déjà beaucoup ne vous écouteront plus.

UN PRÉTENDU PARTAGEUX.

ANTOINE, *maréchal ferrant,* — LOUIS,
petit ménager.

Dans la forge.

LOUIS. -- On ne se couche donc pas aujourd'hui? Ton marteau empêchera les voisins de dormir.

ANTOINE. -- L'ouvrage y est, il faut le faire.

— Et tu veux te reposer demain dimanche?

— On l'aura bien gagné, mon vieux.

— C'est demain qu'on vote. As-tu ta carte?

— Elle est à la maison.

— Et ton billet aussi?

— Du billet je m'en moque! Je te le revends, si tu veux.

— J'en ai un.

— Celui que le garde-champêtre t'a donné : je te conseille de t'en servir, imbécile !

— Tu n'auras jamais la pratique du maire.

— Qu'il la garde sa pratique ! Avec des bras et du cœur on a de l'ouvrage plus qu'on n'en peut faire.

— Le fait est que tu as tout le village, hors le maire et M. Richard.

— Ceux-là vous font aller comme des moutons, vous autres ; moi, je ne veux pas qu'on me mène.

— Tu as toujours eu ton idée, toi. Quand on nous a fait voter pour Napoléon, tu étais pour les rouges et tu voulais Cavaignac.

— Et je le veux encore .... pas lui, puisqu'il est mort ; mais un homme qui pense comme lui et qui veuille ce qu'il voulait.

— Les gros bonnets ne s'accommodent pas de ça.

— Et toi, petit bonnet, tu fais comme les gros !

— Puisqu'on t'appelait *rouge, partageux......* Je m'en souviens bien, va !

— Oui, oui ! Et toi, qui n'as qu'une méchante cassine. — Est-elle à toi encore ? — tu avais peur que je n'en voulusse la moitié !

— Qui moi ? Pas vrai ! Je t'ai toujours connu brave garçon, incapable de prendre une épingle à un enfant.

— Ça n'empêche pas que tu as fait comme les autres et que tu as livré ton pays à un homme.

— Puisqu'on disait qu'il était son sauveur.

— Son sauveur !... en mettant tous nos droits, toutes nos libertés dans sa poche !

— Tu me fais rire.

— Ris ! ris ! toi, qui as peur du gardech-ampêtre comme si tu allais à la maraude ; toi, que le maire ferait passer par un trou de souris comme s'il était armé d'un grand sabre; toi, à qui le curé ferait brûler trente-six cierges, en te disant que le diable est à tes trousses! Qui m'a bâti des hommes comme ça! Ils ont voulu un maître... Et maintenant, à leur nez, à leur barbe, on dit : mon peuple, mon gouvernement, mon armée, ma flotte... Plus rien n'est au pays, quoi! Tas de benêts, va!

— Tu t'emportes, Antoine. Tu sais bien pourtant que je ne suis pas un mauvais, moi.

— Oui. Mais tant de bêtise passe la permission. Tu as été sauvé, dis-tu : Tu étais donc bien malade quand est venu ton sauveur.

— Moi? Pas plus qu'aujourd'hui, au contraire.

— Ton maire t'enchante-t-il?

— Tout le monde dit qu'il ne fait rien pour la commune. Je m'en aperçois comme les autres.... Mais il fait mes labours.

— Peux-tu le changer ton maire et en choisir un autre?

— Non, puisque le gouvernement veut qu'il soit là.

— Tu l'aurais pu avant la venue de ton sauveur.

— On le sait.

— Payes-tu moins d'impôts?

— Fichtre non! C'est presque doublé depuis dix-huit ans.

— Es-tu plus riche ?

— Ouais! J'ai renouvelé bail, j'ai été augmenté d'un cinquième, il faut dépenser davantage ; je n'y arriverai bientôt plus.

— Ton garçon va partir. Quel numéro donc a-t-il pris ?

— Quarante-huit. On le croyait échappé. Il faut tant de monde à présent !

— Ce luron ne se fait pas de bile. En revenant du tirage, il criait : vive l'empereur ! comme un dératé.

— Il avait bu un coup. Il criait ça en manière de rien comme il aurait crié autre chose. Il est bien rabattu, le pauvre garçon !

— Et toi, ça te flatte d'avoir dans ta famille un serviteur de l'empereur !

— Ne dis donc pas ça ! Mais que veux-tu ?... Je comptais sur mon garçon pour m'aider un peu dans mes affaires : la chance n'y est pas.

— Il en faut des soldats pour garder les rois et les empereurs !

— On dit qu'ils se regardent de travers, et que d'un moment à l'autre ils peuvent en venir aux coups.

— C'est de la frime tout ça ! Depuis longtemps ils font crier contre eux. Ils ne sont pas fâchés d'avoir sous la main de grandes forces pour sabrer au besoin les mécontents. Il n'y a pas à dire, une fois qu'un garçon a endossé la giberne, si on lui commande de faire feu, serait-ce contre son père, il faut qu'il tire.

— C'est bien triste tout ça.

— Oui, c'est triste. Mais c'est vous autres qui êtes la cause du mal.

— Te moques-tu du monde à présent ?

— Puisque vous nommez les hommes qui font tout marcher, et que tout marche de travers.

— Si ces hommes nous trompent.

— Pourquoi ne choisissez-vous pas mieux ? Pourquoi vous laissez-vous entortiller ? Pourquoi croyez-vous vos ennemis plutôt que vos amis ?

— Tu en sais plus long que moi, Antoine. Tu as fait ton tour de France, toi. Allons nous coucher, va. Tu es cause que je rentre trop tard et qu'Angélique me donnera mon galop.

— Bonsoir !

— Dis donc, Antoine, je sais bien que tu vois plus clair que les autres et que ton cœur est pour le bien du pays. Ça m'embête de faire toujours au gré de ceux qui ne voient que leur gloriole, et les bonnes places qu'ils ont ou qu'ils espèrent avoir. Tu feras mon billet, n'est-ce-pas ? Mais n'en dis rien à personne !

— Poltron, va !

— Tu es bon, toi ! Et le maire qui laboure mes quelques coins de terre ?.....

— Tu m'ennuies avec ton maire ! Il a plus besoin de toi que toi de lui. Où trouverait-il un ouvrier pareil à toi pour faire son ouvrage ?

— Bon ! bon ! fais comme je désire.

— Passe demain après dîner, tu auras ton affaire.

— C'est dit. Bonne nuit !

DEUX VOIX POUR DEUX CHOPES:

M. LUCIEN. — LOUIS, *domestique*. — JEAN, *id.*

En allant au scrutin.

LOUIS. — Tiens ! voilà devant nous M. Lucien qui s'en va voter, j'en suis sûr. Rattrapons le, nous lui ferons payer à boire.

JEAN. — Ne t'avise pas de ça ! Nous serions mal reçus. M. Lucien ne plaisante pas sur ce point. Je le connais, moi.

— Innocent ! laisse - moi faire : Tout-à-l'heure, au village voisin, n'as-tu pas vu M..... nous faire entrer au cabaret et nous offrir chope sur chope pour nous glisser une poignée de ses billets. M. Lucien, qui tient tant à faire voter selon ses idées, peut bien nous régaler aussi. Laisse-moi faire, je te dis !

— L'un n'est pas l'autre, je t'assure. Parle, si tu veux ; moi, je veux pas m'exposer.

— Viens toujours. Monsieur Lucien ! Monsieur Lucien ! attendez-nous, s'il vous plaît.

M. LUCIEN. — Vous voilà, vous deux ? Est-ce que vous n'êtes pas en condition dans le village voisin ? Vous ne venez pas pour voter ici ?

LOUIS. — Pardon, M. Lucien ! Il n'y a que quatre mois que nous avons quitté le village ; c'est encore ici que nous devons voter.

M. Lucien. --- Et vous êtes accourus pour exercer votre droit, pour remplir votre devoir de citoyens, et vous allez voter pour le bien du pays : C'est très-bien, mes amis !

— Comme vous dites, M. Lucien.

— Vous connaissez les trois candidats qui se présentent? Vous savez ce que chacun d'eux veut et promet ? Vous avez fait votre choix parmi les trois?

— Votre choix sera le nôtre, M. Lucien.

— Voilà bien de la complaisance ! Est-ce que vous savez comment et pour qui je vais voter, vous autres ? Moi, j'aime les gens qui jugent par eux-mêmes et choisissent librement.

--- M. Lucien, nous voici devant le cabaret du père Simon ; il est rempli de monde ; entrons. En buvant une chope ou deux, nous nous expliquerons.

— Ah ! c'est cela que vous voulez, vous deux ! Allez ! faites-vous payer à boire par des gens qui vous valent ! N'en sortez pas du cabaret : le pays n'a que faire de votes qui se vendent !

Jean. --- Tu vois ce qui t'arrive ! Je te l'avais dit.

Louis. — M. Lucien se fâche pour une misère. Est-ce que tout à l'heure M..... qui est un des premiers de son village, ne nous a pas régalés pour nous faire prendre ses billets? Est-ce que ce brave homme est déshonoré pour cela? Est-on mauvais Français parce qu'on n'est pas fâché de boire un coup à l'occasion?

M. Lucien. — Pour le coup, voilà deux honnêtes citoyens ! M.... leur a payé à boire, ils se sont engagés pour son candidat : à mon tour je vais leur payer à boire, ils vont s'engager pour le mien ! ..... Dis donc, Louis, tu as été soldat, tu as fait la campagne d'Italie : quand tu étais posé en sentinelle, si l'Autrichien était venu t'offrir un coup à boire, tu l'aurais donc laissé passer sans crier qui vive !

Louis. — Jamais ! Je suis Français, je ne trahis pas mon drapeau !

M. Lucien. — Toi et ton compagnon vous voilà prêts à le trahir ici. L'honneur du citoyen est le même que celui du soldat. Au scrutin comme à la guerre il s'agit de la gloire et du bonheur du pays. Pour le pays, un bon député élu, c'est la victoire, c'est un bon gouvernement ; pour le pays, un mauvais député élu, c'est la défaite, c'est un mauvais gouvernement.

Jean. — Comprends-tu, Louis ?

M. Lucien. — Si vous votez pour le bon, en buvant à tous les écots, vous êtes des escrocs ; si, fidèles à vos honteux marchés, vous votez pour le mauvais, vous trahissez le pays, vous êtes des traîtres ! Je ne veux plus vous voir !

Jean. — M. Lucien ! M. Lucien ! Ne soyez pas fâché contre nous. Nous n'avions pas réfléchi.... Voyez ce pauvre Louis.... il déchire et foule aux pieds ces malheureux billets qu'on lui avait donnés. Nous aimons notre pays, nous voulons son bien, nous voterons comme il faut.

M. Lucien. —Soyez honnêtes et francs alors. Sachez une chose, c'est que la loi punit de la prison ceux qui cherchent à corrompre les électeurs, ainsi que les électeurs qui se laissent corrompre.

Jean. — M. Lucien, donnez-nous des billets

M. Lucien. — En voici. D. N. est le candidat pour qui je vais voter. Pour moi, c'est le bon, car il est pour le bonheur et la liberté du pays.

Jean. — Merci, M. Lucien. Donnez-en quelques-uns encore, nous avons des camarades.

TABLE DES CHAPITRES.